Inhalt /

Karl Bruckmaier / Wilfried Petzi
OBI oder das Streben nach Glück – Eine Baumaterialsammlung

kursbuch.edition

für Joseph Zehrer

INRI
Wenn die Winde stürmen auf deiner Lebensbahn
Wenn die Wogen türmen über deinen Kahn,
schiffe ruhig weiter, wenn der Mast auch bricht,
Gott ist dein Begleiter, Er verläßt dich nicht.
Von Vater Wensauer
hier nahm der Sohn
Abschied von seinem Vater
i. Jahre 1862
Ganz recht wird's nie.

Achtung Wildfallen!
Verletzungsgefahr
Hunde an die Leine

P

Geranien / Geranien sehen aus wie Kartoffelkraut, hängen über jeden zweiten Balkon in ihrem fetten Wohlstandsgrün, und das Rot ihrer Blüten ist so banal wie eine halbe Stunde Musikantenstadl. Und doch haben diese Geranien soeben höchstes Lob geerntet. Auf dem Rücksitz meines Alfa Romeo 164 – rot natürlich, aber von einem exquisiten Rot, einem Eliten-Rot – lehnt entspannt eine ältere Dame. Also, eigentlich mehr so ein altes Weiberleut. Es ist ein schwüler Sommertag, irgendwann Anfang der 90er-Jahre, und wir kommen gerade von einer Beerdigung in Niederbayern, die alte Frau und ich. Die Tatsache, dass man selber quicklebendig ist und nicht zwei Meter tief verbuddelt in einer Holzkiste liegen muss, wirkt anregend, wirkt stimulierend, wirkt wie ein doppelter Espresso auf sie, versetzt sie in eine Art Gönnerstimmung. Leben und leben lassen und so weiter. Also hat sie gerade einen gewaltigen Satz getan und geäußert, über ihren Schatten, über die Gegend, der sie quietschfidel entkommen ist: »Da in Niederbayern, da hat sich schon was getan in den letzten Jahren.« Sagt sie, die aus dem bayerischen Oberland stammt. »Die haben jetzt auch schon Geranien.« Meine Hände verkrampfen sich ums Lenkrad; die Knöchel treten weiß hervor, aber wir krachen nicht in die Leitplanken, kein Freak-Unfall auf der A 92, alles gut. Alles richtig. Wenn man aus einer Gegend stammt, wo der Himmel tagaus, tagein weiß und blau ist, das Bier dunkel und Geranien seit dem Neolithikum das Holz vor der Höhle verschönern, da mag man schon über die arme Verwandtschaft hinter den Sieben Bergen staunen, dass diese, anstatt ihre tiefgefrorenen Toten während der elf Monate andauernden Winter vor der kargen Hütte zu stapeln, inzwischen auch weiß, was schön ist, die Seele wärmt und dem Touristen gefällt. Sogar die alten Goldhauben werden wieder getragen, wenn die Goldesel während der nordrhein-westfälischen Sommerferien im Rottal oder im Vorwald einfallen, und Lüftlmalerei und

Schuhplatteln kann man lernen oder nachäffen. Loriots »Jodeldiplom« hält jeder Vorsitzende eines Gebirgstrachtenerhaltungsvereins für ein Lehrvideo, das man von der Steuer absetzen kann. Und der Herr entnahm dem Seppl eine Rippe und formte daraus eine rostige Pflugschar, die man dekorativ vors Austragshäusl stellen kann, damit die Gäste gleich wissen, dass es hier zünftig zugeht. Oachkatzlschwoaf. Oadlwoaß. Ochsnschoaß.

Nun sind seit jener Autofahrt gut zwanzig Jahre vergangen und den roten Alfa gab es bald nicht mehr, weil er ein halbes Jahr lang als der einzige rote Alfa Romeo 164 mit Dachgepäckträger durch Ober- wie Niederbayern kurven musste, Zwillinge an Bord, um dann schließlich doch gegen einen Volvo eingetauscht zu werden, seufz. Aber die sich seinerzeit ankündigende Durchbajuwarisierung meiner niederbayerischen Heimat hat so dann doch nicht stattgefunden, von ein paar Geranien abgesehen und jenen Ödflächen, in denen die Menschen von Bauer auf Hotelier umgelernt haben, weil der ICE mal mehr, mal zu wenige Gäste ins sogenannte Bäderdreieck spuckt, wo man weder vor Schnitzeln aus der Fritteuse oder Königsberger Klopsen zurückschreckt noch vor der abgeschmacktesten Landhausmode aus dem Trachten-Outlet. Wenn's hilft … Besser als beim Wacker oder bei BMW am Band. Und dort ist es besser als auf dem Feld mit der Harke in der Hand. Als Jugendlicher habe ich es einst gezählt: Achtundzwanzigmal muss man eine Runkelrübe in die Hand nehmen, bis das Scheißvieh sie endlich frisst. Und das ist schon verdammt oft und wird meist von Bauern gemacht, die noch nicht wissen, dass sie längst pleite wären, wenn sie ihren Stundenlohn ausrechnen würden. Aber wir waren bei den Geranien. Wenn man nur an ein paar Maisfeldern entlang, ein paar Hügel hinauf und hinunter fährt, weg vom Deko-Gasthof mit dem Pfanderl und dem Töpferl, dann fällt die touristische Maskerade von den Menschen und der Landschaft ab, dann bildet

Niederbayern – und die in diesem Buch beschriebene und fotografierte Gegend dient nur als Metapher für jegliche deutsche Provinz – erstaunlich unverfälscht, erstaunlich eigensinnig Gegenwart ab, die sich nicht schert um kaufmännische oder touristische Erwartungshaltungen, um Ideologie und Politik. Wie diese im Extrem aussehen können, erfährt, wer durch den Chiemgau fährt oder das Fünf-Seen-Land südlich von München, wo alles an der eigenen Lieblichkeit zu ersticken scheint – oder noch extremer durch die englischen Cotswolds. So weit von London Richtung Westen entfernt wie Niederbayern Richtung Osten von München weg ist, hat das Geld der Finanzhaie und Immobilienspekulanten der britischen Metropole diese dem Vilstal oder Rottal nicht unähnliche Landschaft in einen Themenpark der Nostalgie verwandelt, wo zwischen den mit feinsäuberlich gepflegten Steinmauern und Weißdornhecken, welche die Felder und parkähnlichen Gärten säumen, Dörfer und Kleinstädte liegen, die wie Karikaturen des guten Geschmacks alles verkörpern, wofür Merry Old England so steht – ein auf immer in einem fiktiven 1910 gefrorenen Zustand der Feudalität, wo das Empire noch existiert, wo die Dienerschaft heute eben aus Osteuropa kommt (wer hier ein Wochenendhaus hat, sagt Ja zu Europa) und wo man noch durch schlierige Fenster mit dünnstem Glas hinausstarrt auf eine Landschaft ohne Windräder oder Sonnenkollektoren, während vor dem betont altehrwürdig renovierten Haus das deutsche Car mit dem Kennzeichen »I ROC« parkt, in dem ein indischstämmiger Chauffeur schläft, bis ein Ron Wood oder Rod Stewart wieder genug davon hat, auf den weitläufigen Wiesen der Cotswolds mit Metalldetektoren nach viktorianischen Hosenknöpfen zu suchen. Wer ein paar Tage in diesem Disneyland des gehobenen Geschmacks verbracht hat, der weiß, worauf es hinausläuft, wenn sich die Bildungs- wie Finanzeliten ihr Wolkenkuckucksheim möblieren. Hier fällt es leicht, ein Stalinist zu sein, und man will ganz spontan Ströme von Blut übers Kopfstein-pflaster fließen sehen, plitsch, platsch, der güldenen Sonne zu. Es muss nicht extra betont werden, dass es hier ist, wo Ex-Premier David Cameron seine Staatsgäste auf ein Bier in den Pub lud, volkstümlich, wie er war. Volkstümlich ist man auch in Niederbayern gern und gemütlich und urig. Um sich diese urige Gemütlichkeit des Volkes nicht miesmachen zu lassen, hat man eine ganz spezielle Kulturtechnik verfeinert, die der selektiven Wahrnehmung. Wo einst eine andere soziologische Erfindung der 50er-Jahre – die kognitive Dissonanz – gelegentlich noch für ein flaues Gefühl in der Magengegend sorgte, wenn sich der Sondermüll bis unters Kammerfenster gestapelt hat, hat man sich heute diese Spezialform von Chuzpe zugelegt, mit deren Hilfe einerseits all das Schrundige um einen herum zum Verschwinden gebracht werden kann, sich aber andererseits auch der Cotswoldisierung der Provinz begegnen lässt – was gestern noch als hässlich galt, das gefällt uns heut im Bayerwald. Entfremdung und Affirmation werden längst nicht mehr als erniedrigendes Schicksal betrachtet, sondern als Chance, mit deren Hilfe man sich jenen Ideologien entgegenstemmen kann, welche in den gehobenen Ständen der urbanen Bevölkerung das Sagen haben. Mit welchem Selbstbewusstsein inzwischen der »Zuagroaste«,

noch mehr »der Mingara«, der Münchner also, auflaufen gelassen wird, wenn er seine mit Löffeln gefressene Weisheit abzusondern droht, das imponiert. Und wie wenig Einfluss das von ihm oder ihr Gesagte oder gar Gebaute auf die Einheimischen hat, das imponiert noch mehr.

Diese Form des passiv-aggressiven Widerstands gegen den importierten Sachverstand und den daraus resultierenden Geschmacksterror ist uns mit der Zeit aufgefallen, wenn wir kleine und kleinste Straßen rauf und runter gefahren sind zwischen Vils und Rott, zwischen dem Hochufer des Inn und den ersten Ausläufern des Gäubodens. Als Besucher, als Gast. Aber immer noch als Niederbayer. Denn »you can take the boy out of the ghetto, but you can't take the ghetto out of the boy«. Das hier beschriebene und abgebildete Niederbayern soll aber lediglich als Metapher für eine wohl grundsätzliche Widerständigkeit der Provinzen dienen, egal, ob das die Dörfer im Saarland sind, stur und schlicht, oder die Halligen in der Nordsee, sturmumtost und so weiter. Diese konservative Widerständigkeit, diese Beharrungskraft vertreibt viele Menschen aus der Provinz, kann als Mief und Verrohung und Spießertum gelesen werden. Doch es wohnt ihr auch etwas Gestaltendes inne, das es zu entdecken und zu verstehen gilt – weil es das Potenzial hat, den kurzatmigen Innovationszyklen der Metropolen etwas Gelassen-Humanes entgegenzusetzen. So soll dieses Buch einen frischen Blick ermöglichen auf etwas, das bereits abgelegt war unter »Erledigte

Fälle«. Während der mancherorts noch »Fremdenverkehr« genannte Tourismus seine immer gleichen Sehenswürdigkeiten anpreist, für deren Rezeption dann meist keine Muße ist – Mark Twain merkte schon im 19. Jahrhundert mit Recht an, dass, wer ein Gemälde des heiligen Sebastian gesehen hat, sie alle gesehen habe –, der kann auf den Straßen, in den Ortschaften fündig werden in Sachen Sehenswertem. Jeder Kilometer bietet Material für ein Buch wie das vorliegende. Hinter jeder Kuppe, nach jeder Weggabelung öffnet ein »museum of mankind«. Der Blick muss sich nur neu norden, dem Nebensächlichen Bedeutung zumessen, dem Alltäglichen Schönheit attestieren. Dann wird so ein Tag, eine Woche in der Provinz zu einem Moment der Kunst. Und in jenen Momenten wird man aus den Augenwinkeln wahrnehmen, dass hinter all den Geranien sich nicht der Eingang zur kleinbürgerlichen Hölle verbirgt – der auch, der auch –, sondern eine scharfe Zunge, ein wacher Verstand, eine gesunde Skepsis. So gesehen haben mich die Geranien der etwas boshaften Weibsperson meine alte Heimat neu sehen und vor allem neu lieben gelehrt. Worüber dieses Buch mit seinem Nachdenken über die Provinz und die Menschen, die dort leben, und natürlich die ebenso liebevollen Bilder von ihren Häusern, Gärten und Straßen Zeugnis ablegen soll.

Tropf, tropf / »Trickle Down« war mal das Zauberwort einer optimistischen Staatsphilosophie. Wenn man oben nur genug reinsteckt, kommt ganz sicher unten was an. Blöd, dass »Trickle Down« im Deutschen richtigerweise Pferdeäpfel-Theorie heißt. Was ankommt, ist nämlich Scheiße. Das gilt im Besonderen für die Gestaltung des öffentlichen Raums. Kunst am Bau? Gott sei Dank habe ich mir grad die Fingerkuppen so mit Botox aufgespritzt, dass ich dazu nichts schreiben kann. Dann einfach: Bau. Da geht was. Da ist eine steile, steile Staatsstraße. Auf halber Höhe ein Streusandbehälter. Da gehört daneben eine Bank hingestellt, auf der nie jemand sitzen kann und wird und will. Zweimal im Jahr fährt ein Mann in Orange vor und mäht die drei Quadratmeter Wiese drum herum. Da ist ein Fahrradweg. Und alle fünfundzwanzig Meter Fahrradweg muss zwingend ein Rastplatz errichtet werden. Auch wenn zweihundert Meter weiter ein wunderschöner Biergarten samt Kastanien, Wasserschloss und Stechmücken wartet. Und dann die 90-Grad-Kurve am gekiesten Volksfestplatz: Hier braucht es unbedingt eine Rastbank. Wer möchte nicht auf dem Weg vom Tennisgetto zum Wertstoffhof hier eine kleine Pause einlegen? Vielleicht mit einem Fernblick auf die naturnah umfelste Brunnentür, jede überflüssige Staude genau nach DIN-Norm. Genau wie die Bushäuschen aus Beton, die im Moment ihres Aufgestelltwerdens in Zeitraffergeschwindigkeit zu verfallen, vermüllen, verkacken scheinen.

Tropf.
Tropf.
Tropf.
Trickle Down.

Da wird jede Topfpflanze vor der eigenen Haustür
zum Akt des Widerstands.

Kläranlage
Tennisanlage

Privatgrundstück
Parken auf
eigene Gefahr

Privatgrundstück
Parken auf
eigene Gefahr
Reiter Hans
Gartengestaltung
& Pflasterbau
Pleißen 2 • 94424 Arnstorf
Tel. (08723) 91 00 70

Aufhübschen / Wenn sich eine Frau oder ein Mann mittels Schminke, engem Beinkleid und falschen Brüsten aufhübscht und an den Straßenrand stellt, nennt man das Prostitution. Wenn sich ein Dorf mit Blumenkübeln, prächtig geschnitzten Balkonen und einer – aus Weltläufigkeit – im italienischen Stil gehaltenen Fußgängerzone aufhübscht und die Einwohner sich als Faschingshexen in Dirndlkleidern samt Kopftuch mitten im Sommer an den Straßenrand stellen, um einen gestern im Gemeinderat erfundenen Brauch zu zelebrieren, dann nennt man das Tourismus. Das ist einfach, das kann man sich gut merken. Wie Elfriede Jelinek, Literaturnobelpreisträgerin, so richtig anmerkt: »Kultur kommt immer von oben, und wenn sie von unten kommt, wird sie ausgerissen wie Unkraut oder den Touristen vorgeführt, bevor man sie in den Müll gibt, die fressen ja jeden Dreck.« Nun ist man ja selber fast überall Tourist, also Fremder, ein Gast, ein Besucher auf Zeit, der meist keine hat, und deshalb nichts in seiner ihr angemessenen Geschwindigkeit miterleben kann, sondern gewissermaßen mit seiner Kurtaxe das Recht erwirbt, die Besonderheiten einer Region im Zeitraffer und in groben Vereinfachungen vorgeführt zu bekommen: Samstag Ankunft und Drei-Gänge-Abendessen aus dem Pfanderl und mit einem Maßerl Alkoholfreiem. Dazu laute Musik von DJ Brez'n. Sonntag Umzug der Vereine. Montag Radlfahren entlang der Deutschen Glyphosat-Straße. Dienstag Umzug der Vereine. Mittwoch Wahl der Gülle-Königin. Donnerstag Umzug der Vereine. Freitag wird gemeinsam hinter das Schützenhaus gekotzt und am Samstag früh abgereist. Und alles fängt wieder von vorne an.

Nun gibt es aber auch den Sonderfall des Expats, wie der kolonienerprobte Brite das nennt. Der Expat lebt nicht mehr in seiner Heimat; er verwaltet Uganda oder durchstreift Patagonien. Ich habe es bloß bis München geschafft wie der Rest meiner Verwandtschaft auch und bin

daher einerseits in einer Weltstadt voller Niederbayern daheim, andererseits bin ich ein Expat, der gern und oft »heimfährt« in das hügelige Land zwischen Inn und Isar, zwischen Rott und Vils. Der immer auch distanzierte Blick des Expats vereint Verwunderung und Verstehen. Da ist zum Beispiel ein Bäderdreieck, wo früher bloß zwei andere als der heimatliche Marktflecken waren. Das breite und behäbige Rottal kriegt dort plötzlich etwas ungewohnt Dynamisches, na ja, das wäre jetzt übertrieben angesichts der vielen Rollatorfahrer: etwas Geschäftiges eher. Sein früher großbauernhaft, jedenfalls sehr selbstbewusst auftretender Menschenschlag trainiert jetzt auf etwas Verbindliches, quasi Gastronomisches. Ein Schnitzel für jede Jahreszeit. Fast meint man, einen leichten Wiener Caféhaus-Unterton herauszuhören. Und wenn man gedanklich für einen Moment abschweift, was mir ja ständig passiert, dann wähnt man sich schnell in einem ewigen Ruhpolding, falsch betont auf der zweiten Silbe, aber korrekt in architektonischen Lederhosen. Dem Expat fehlt vielleicht auch die Fertigkeit, die alte Heimat so selektiv wahrzunehmen, wie der Einheimische dies zur leichtesten Überlebensübung hochkultiviert hat. Dafür stellt sich eben besagte »kognitive Dissonanz« ein, das Fühlen, dass etwas nicht ganz stimmt. Und man muss nur fünfzigmal zwischen Ort A, wo Tourismus schon Ausbildungsberuf ist, und Ort B, wo man zu Tourismus eher noch »Fremdenverkehr« sagen würde, hin- und hergefahren sein, dann stellt sich die Expat-Optik neu ein: Nur eine Hügelkette jenseits der neuen Welt und neuen Zeit, wo alle Trachtenjoppen tragen und Landhausmoden und ein freundliches Grinsen zu jeder Tages- und Nachtzeit, beginnt das Potemkinsche Dorf seine Fasson zu verlieren, und es zeigt sich ein widerständiger Geist, den man einst, als man noch kein Expat war, nicht wahrnehmen konnte oder wollte. Eine ganze Alltagskultur reckt dem Tourismus den ausgestreckten Mittelfinger entgegen wie einst Johnny Cash dem Fotografen, und damit wären wir bei der Popmusik, wo wir für einen Moment auch bleiben sollten.

Pop macht glücklich. Von daher gehört Pop verboten. Denn glückliche Menschen sind ein Problem. Für jene Menschen zumindest, die meinen, durch Geburt, Bildungsgrad oder Besitz ein exklusives Recht auf Glück zu haben. Nennen wir sie mal: die Eliten. Die Eliten teilen anderen Glück zu. Brosamen, die von ihrem Tisch fallen. Nun ist den jeweiligen Eliten im Verlauf der letzten hundertfünfzig Jahre der Fehler unterlaufen, einen Teil dieser Zuteilungskompetenz an Maschinen auszulagern. Macht weniger Mühe, dachten sie. Geht schneller, sahen sie. Bringt Geld, wussten sie. Was sie nicht wussten: In den Maschinen wohnt ein Geist. Der Geist der Freiheit. Als Thomas Alva Edison seine eigene Stimme aus dem Stanniol herausknistern hörte, war der Geist aus der Flasche, und die Eliten suchen seither nach einer Methode, ihn wie im Märchen durch einen besonders schlauen Eliten-Trick wieder in die Flasche, Verzeihung: Maschine hineinzulocken. Der Rest ist Zukunft, und von einem Happy End wissen wir nichts. Was wir wissen: Die Aussage Elfriede Jelineks, alle Kultur komme von oben, beinhaltet eine versteckte Chance, die Brosamen-Verhältnisse zu verändern. Denn natürlich gab es schon immer auch eine Kultur, nein: eher viele Kulturen der Nicht-Eliten. Die mochten karg und arm und klein und dumm sein, aber vorhanden. Viele dieser Kulturen wussten nichts voneinander oder lehnten einander ab, wenn sie voneinander wussten; sie vermischten sich, löschten sich aus oder mutierten. Die Kultur der Eliten nahm sie höchstens wahr, wenn sie – wie im Rokoko, wie in der Romantik – zum dekorativen Accessoire der Hochkultur taugten. Mit dem Beginn des Maschinenzeitalters aber, mit dem Entfleuchen des Geists der Freiheit, erlangte diese Kultur der einfachen Menschen Dauer, wurde die Fessel der rein oralen Tradierung abgelegt. Die Maschinen zur Aufzeichnung und Wiedergabe von Sprache und Musik, später die Maschinen zur Herstellung von sich bewegenden Bildern, wurden zu »instruments de la mémoire«, zu Erinnerungsmaschinen. Und eine Kultur, die sich selbst erinnert, kann auch von jenen erkannt und dann erinnert werden, die ihr gar nicht angehören. Mit Grammofon und Kinematograf, mit Kamera und Schellackplatte begann ein bis dato ungekannter Prozess der Hybridbildung marginalisierter Kulturen, ausgehend von jenem Kontinent, auf dem die alten Eliten am wenigsten galten: Nordamerika. Die Gesellschaft, in der das Streben nach Glück Verfassungsrang hat – auch wenn damit ursprünglich das Streben der lokalen Eliten nach politischer Macht gemeint war –, erwies sich als ideal für einen tatsächlich subkulturellen Feldversuch der Identitätsbildung durch Identitätsverweigerung: Was meine Eltern waren, was ich gestern war, es spielt keine Rolle mehr, denn, hör mal, schau mal, dies und das und jenes könnte mein Ich auch sein. Jedes Filmchen, jede Schallfolie, jede Fotokopie konnte zum Agens der Veränderung werden. In dem gewaltigen Reservoir persönlicher Irrtümer und Vorlieben, die so ein Massenspeicher der regionalen und ethnischen Kulturen darstellt, musste ja zwangsläufig auch etwas verwahrt oder herstellbar sein, das mein Glück ausmacht. Das mein ganz persönliches Glück ist. Und das nennen wir Pop.

Jelineks Satz geht ja weiter: Wenn Kultur von unten kommt, dann wird sie ausgerissen oder den Touristen zum Fraß vorgeworfen. Und wie recht sie hat. Seit Anbeginn der Popkultur sahen sich die Erinnerungsmaschinen vehementer Anfeindung ausgesetzt. Was nicht von den Eliten abgesegnet war, hatte auch keinen Wert, hatte keine Daseinsberechtigung. Sollte weg. Das galt für die Rumpelmusik in den Nickelodeons ebenso, wie es heute für Hervorbringungen des Internets gilt – im Grunde wurde und wird dies alles für Trash gehalten, einst etwa Jazz, heute Ego-Shooter-Games oder Videos auf YouTube. Was im Prinzip sogar der Wahrheit entspricht – denn der von den

ERLEBEN SIE DIE
MAGIE AUS FARBE
UND LICHT.

Eliten nie verstandene Trick der autonom wuchernden Subkultur ist es ja, sich synkretistisch zu tarnen, sich also in aller Öffentlichkeit im größten Unrat zu suhlen, während in der Masse des verspritzten Drecks wirkmächtige Einsprengsel von Unkontrollierbarkeit verborgen sind. Unsere kulturellen Atombomben sind schmutzig und fliegen unterm Radar der Hochkultur – da mögen sich die großen Theater und die noch größeren Sendeanstalten hier in der Bundesrepublik, da mögen sich die mächtigsten Kulturverwertungsbordelle der Welt noch so aufbäumen und ins Zeug legen, um auf diesen Zug der Zeit zu springen, mehr als ein bisschen trimediales Arschgewackel werden sie nicht hinkriegen, weil ihr bloßes So-Sein den auf Individualität, Fehlerproduktion und Scheitern ausgelegten Prozessen subkulturellen Glücksstrebens widerspricht. Eher geht ein Kamel durch ein Nadelöhr: so isses, Jesus. Darum ist das höchste der Gefühle für Kammerspiele und ZDF eine *ejaculatio präcox*, ein Böhmermann, ein Lilienthal, ein Doofie, der während der Fußball-EM lustige Bilder aus dem Internet in die Kamera hält. Oder, um langsam wieder Richtung Provinz zu torkeln: ein Fest zu Ehren des bayerischen Reinheitsgebots, auf dem überteuertes Bier und noch überteuerteres Essen an medial aufgescheuchte Besucher verfüttert wird – »denn die fressen ja jeden Dreck« –, auf dass sie en passant die vor Ort seit eh und je ansässige Lässigkeit zertrampeln, um dann der nächsten Sau hinterherzuhetzen, die durch das nächste Dorf gejagt wird wegen einer Landesgartenschau, wegen eines windigen Jazzfestivals, wie es jede Kreisstadt inzwischen braucht, wegen einer hochsommerlichen Literaturveranstaltung inklusive Poetry-Slam, ohne den keine Realschule mehr auskommt, die auf sich hält. Zurück bleibt ein neuer Kreisverkehr.

Zurück bleibt: das Prinzip Pop. Denn erstaunlicherweise hat sich gerade in der Provinz, gerade in den entlegeneren Teilen unseres Landes im Lauf der Popjahre der Gedanke von der individuellen Freiheit unausrottbar eingenistet. Und natürlich nimmt er nicht die Form an, die man sich in Brooklyn oder Bristol oder Brighton ausgedacht hat, sondern in Brombach. Pop äußert sich hier nicht in einer neuen Musik, wie er das nun eineinhalb Jahrhunderte lang getan hat, Pop besetzt auch nicht die digitalen Zwischenräume zwischen Eins und Null, wie man gerne meint, sondern Pop wird erkennbar in der Gestaltung des Lebensraums selbst. Popmusik hat vielleicht die Sinne geschärft, dass außerhalb des durch Hügel auf Hügel umgrenzten Blickfelds andere Möglichkeiten, andere Lebensrealitäten existieren. Doch der wahrhaft aufregende Transformationsprozess der Gesellschaft wird in den Vorgärten, an den Hauswänden, auf den öffentlichen Plätzen der Provinz sichtbar. So wie Jazz, Blues, Folk, Rockabilly oder Rap von der akademischen Musik-Elite jeweils als billig, simpel, trivial und keineswegs einer näheren Beschäftigung wert abgeschrieben worden sind, so ist der Gestaltungswille, mit dem speziell die Menschen hinter den Sieben Bergen ihren Lebensraum umwandeln zu einem Ausdruck persönlichen Glücks von Architekten, Soziologen oder Kulturkritikern als nicht satisfaktionsfähig eingestuft worden – oder schlimmer: als Krebsgeschwür an der aufgeklärten *conditio humana*. Was da an Glasbausteinen, Waschbeton, Bodendeckerbepflanzung und Baumarkttrödel die Straßen säumt, muss per se Schund sein – weil es nicht den Segen der Eliten trägt, sondern als Akt der Selbstermächtigung der einfachen Leute zu sehen ist. Mit einer gekonnt uneleganten Geste wird sich jeder Art von bürgerlich eingeforderter Kreativität entledigt. Jede Genie-Anmaßung wird verabscheut. Und das Feuilleton der *Süddeutschen Zeitung* berichtet verwundert, dass die nach Anatolien heimkehrenden türkischen Arbeiter Gelsenkirchener Barock, Springbrunnen und Hollywood-Schaukel im Gepäck haben: »Es fehlen nur die Gartenzwerge« inmitten dieser Migration der Lebensräume. Inmitten der speziell durch die Bebauung von öffentlicher

Seite vorangetriebenen Verrohung des öffentlichen Raums – die jedes Maß eingebüßt habenden Schneisen der millionenteuren Ortsumgehungen, die breitarschigen Verwaltungstempel, die gedankenlos aufgeschütteten Steinhalden zur Absicherung und Befestigung von Steilhängen, die schlichte Brutalität der Sonnenkollektoren auf Feld, Wiese und Hausdach, die bürokratisch verordnete Möblierung eines niemals genutzten öffentlichen Raums mit verkommenden Bushäuschen, verfallenden Rastplätzen und erodierenden Parkbänken: einen bernhardschen Hass könnte man da zusammenbuchstabieren – ploppen trotzig die Zeugnisse einer Selbstfindung und Selbsterfindung auf, die weder theoretisch noch geschmacklich irgendwo abgesichert sind. Wer zufällig – wie wir – in der Abenddämmerung eines Novembertages am warm und knallbunt leuchtenden Schaufenster von »Stefanie's Haarstüberl« vorbeifährt, dem muss doch das Herz aufgehen ob so viel Sehnen und Träumen, auch wenn es ein Instant-Sehnen ist und ein Konfektionstraum – und ob des zupackenden Realisierens dieses Traums in einem noch unverputzten Anbau an das elterliche Anwesen, mitten im Nirgendwo, zwischen monumentaler Umgehungsstraßentrasse und Maisfeldödnis. Die Kraft dieses Leuchtens von Neonlicht und Haarspraywerbung war es, welche ein Umdenken bei mir in Gang gesetzt hat, weg von der ironischen Betrachtung, hin zur unmittelbaren Bewunderung. Dieses Fenster war nicht weniger wir-

kungsvoll als ein Country-Song von Loretta Lynn. Ohne dieses Fenster gäbe es diesen Text, dieses Buch nicht. Und wenn der Damm der selektiven Wahrnehmung, des eigenen elitären Gehabes erst einmal gebrochen ist, dann erschließt sich ein ganz neuer ästhetischer Atlas der Provinzen. Kein Kreisbaumeister, kein pensionierter Oberstudienrat aus München, der in seinem möglichst originalgetreu renovierten Einödhof hockt, kein strenger Architekt im schwarzen Rollkragenpullover kann es mit der quietschlebendigen Unmittelbarkeit aufnehmen, mit der die Menschen seit geraumer Zeit die Geschmackshoheit über ihren Lebensraum zurückfordern. Die Fehlkonzeption, der Auswärtige wisse qua Bildung und Qualifikation besser Bescheid über Land und Leute als diese selbst und müsse das Land genau vor diesen Leuten beschützen, wird heute einfach mit der gebotenen Coolness der Provinz gekontert: Wer meint, die Sorgen und Nöte jeder Minderheit auf diesem Globus verstehen zu müssen, der sollte vielleicht doch zuallererst die Lebensrealität der Menschen im eigenen Land kennen und erkennen. Zu lange war das platte Land, das hügelige Land ohnehin einem Diktat der öffentlichen Meinung ausgeliefert, die wiederum meist die Meinung der örtlichen Eliten Pfarrer, Lehrer, Arzt war; zu lange hat eine furchtbare Allianz aus Zweckdienlichkeit und Sparsamkeit die Seelen der Menschen einer grunddummen Vernunft ausgeliefert. Nie war da Raum für etwas Sinnfreies, Sinnloses, einfach nur Schönes oder Vergängliches. Und wenn doch, wie hart musste er der knausrigen Pfennigfuchserwelt um einen herum abgetrotzt werden. Ein kleiner Steingarten. Ein paar Nippesfiguren, die im Winter zwischen die mit Holzwolle ausgestopften Fensterscheiben gelegt werden konnten. Das gerahmte Bild einer Traktorenfabrik an der Wand, aus einem Kalender ausgeschnitten. Schon ein Henry James wusste, dass dem braven Bürger ein abscheulicher Argwohn gegen das Schöne innewohnt. Und wer alt genug ist, erinnere sich zurück: Leben auf dem Land, das hieß ja nicht, dass man in einer gemächlich vor sich hin wachsenden Volkskultur verwurzelt in handwerklich soliden und ausdrucksstarken Bauten einem vom Rhythmus der Jahreszeiten geprägten Leben voller innerer Ruhe nachgehen konnte – das war ein von in die große Stadt verzogenen Aufsteigern geprägtes Wunsch- und Trugbild. Nein, die Vergangenheit bestand aus schlechten sanitären Anlagen, monströsen Asbestplatten, grausam monotonen Wandvertäfelungen und zugigen Zimmern voller wurmstichigem Möbelschrott lang vergangener Handwerkerunfähigkeit.

20*C+M+B+15

Ich kann noch gut das Sehnen meiner Eltern nach einem Resopaltisch aus dem Möbelhaus erinnern. Nein, früher war verdammt wenig besser. Und wer will, soll ruhig in dieser schwiemeligen Vergangenheitsfiktion zu leben versuchen. Doch seit auch die Menschen auf dem Land reisen, seit es wieder Kinos gibt, seit Fernsehen und natürlich Internet den Horizont auf Knopfdruck weiten, seitdem hat der Feldversuch Pop mit seinem Drang nach individuellem Glück auch auf diese Regionen übergegriffen. Wer über Land fährt, kann nachgerade eintauchen in eine Explosion der Selbstverwirklichung. Nicht Entfremdung, Abstumpfung und Grobheit geben den Ton an, sondern ein wie befreites Aufatmen. Im Internet georderte neugotische Ruinen ragen in Vorgärten auf, besser noch: Sie werden von eigener Hand nachgebaut – Bauschutt gibt es genug. Und billig ist immer noch ein Wert an sich. Windspiele klingen, rostiges Blech wird zu Vögeln und Fröschen umgeschmiedet, Glaskugeln blitzen zwischen ausufernden Bambusflächen, altes Ackergerät wird in kruden Zusammenhang gesetzt mit Blumenschmuck und FC-Bayern-Fahnen. Die Straßen werden gesäumt von absichtsvoll zerbrochenen Amphoren und Blumentöpfen; Löwen heben die Gips-Tatzen und Nymphen senken schamvoll den Blick. Was nicht passt, wird passend gemacht mit alten Ziegelsteinen, Brettern und einem Gartenzwerg, der schon kaum mehr Farbe trägt auf der abblätternden Haut. Kurz: Hier braust ein Deko-Tornado übers Land, und jeglicher Anspruch auf touristische Domestizierung und Brauchtumspflege wird von ihm mit einem aberwitzigen Aufjauchzen hinweggerissen. In seiner Mehrheit ist dies alles Kitsch und Quatsch, aber in ihren großen Momenten – und die sind öfter, als man denkt – kann es diese Individualitätsexplosion durchaus aufnehmen mit den Assemblagen und Bricolagen, die seit Jahren unsere Kunst-Biennalen verstopfen: Hier hat die zeitgenössische Kunst wahrlich aufgenommen, was in der Alltagsluft liegt. Und ist der Blick erst

einmal geschärft für diese Veränderung, dann eröffnen sich gar dem eingangs gescholtenen Tourismus neue Perspektiven: Die wilde Schönheit der Baumarkt-alimentierten Volkskunst, des OBI-Pop, sie sucht noch nach ihren Kennern, nach ihren Connaisseuren oder gar Sammlern. Die Landkarte ist noch ein einziger weißer Fleck, die Grenzen dieser *art brut* sind noch unerschlossen. Und was vermutlich am schönsten ist: Jean Baudrillards Verheißung, dass es eine Kunst geben könnte, die absolut unkommerzialisierbar sei – er dachte seinerzeit an Graffiti –, hier wird sie eingelöst. Denn diese neue Pop Art speist sich ohnehin aus der reinen Kommerzialität, aus dem Baumarkt als Massenspeicher der Möglichkeiten, einem Ort, der im Umkehrschluss also genau jenes Ideenkapital vorrätig hält, auf das der Vereinzelte so lange gewartet hat. Nicht anders als Popmusik einst die einfachen Akkorde, die schnellen Ideen, die billigen Gefühle wie im Rausch zu verteilen in der Lage war, vermag sich aus dem Surrealismus der Baumarktwerbespots vielleicht eine Art ästhetischer Widerstand zur Elitenkultur zu entwickeln, aus dem heraus durch schlichte Affirmation eine dauerhafte oder auch bloß temporäre Einlösung des Diktums möglich scheint, dass ein jeder ein Künstler sei. Oder zumindest eine Minderheit, eine aufgehübschte.

7

UNERTL reisen
35

Es war einmal /

Spricht man vom Streben nach Glück, dann setzt man sich rücklings auf eine Zeitachse und gibt dem Steckenpferd die Sporen, vorwärts, vorwärts – und nichts vergessen. Denn dieses Streben nach Glück ist eine Flucht nach vorn vor einem harten und menschenunwürdigen Gestern. Wer einmal im tiefsten Winter mit seinem bloßen Hinterteil den Raureif von der Sitzfläche eines Plumpsklos geschmolzen hat, versteht, was gemeint ist. Wie Mehltau lag auf den Provinzen dieses Landes einst ein menschenverachtender Zwang zum Sparen, eine Verachtung für alles Unnütze, für alles, was nicht zweckdienlich war, für alles Schöne. Am Weltspartag warf dieses Denken seine Dividende in Form von Kunststofflinealen und Malbüchern ab. Die trugen wir dann heim in die aus dem Musikunterricht bekannten »grauen Mauern«. Denn den Bauern bedeutete die Behausung wenig, außer sie wollten damit angeben und zeigen, wie prall gefüllt die Börsen waren: Dies kann man, spricht man von Niederbayern, heute noch im Gäuboden oder Rottal bewundern, diese Protzerei und was davon geblieben ist. Die kleinen Handwerker und Arbeiter konnten sich eh nur das Notwendigste leisten, und die Städter auf Sommerfrische freuten sich vermutlich, diese malerische Armseligkeit bald wieder verlassen zu dürfen. Eine frühe Kindheitserinnerung lässt mich ein Staunen

immer und immer wieder neu erleben: Als es heißt, der und der Verwandte – weitschichtig, fremd – habe im Lotto gewonnen, sitze ich auf dem Rücksitz unseres nutriafarbenen VW 1500 und träume zum Fenster hinaus. Lotto. Gewinn. Was man damit alles machen könnte. Zu welchem Wunschtraum bin ich überhaupt in der Lage, damals? Bücher? Eine Reise ans Meer? Fliegen? Eine Hose oder ein Hemd, die nicht aussahen, als hätten sie die Katze hochgewürgt? Doch bevor dieser Tagtraum auch nur ein klein wenig Gestalt anzunehmen vermag, platzt die Blase. Die Verwandtschaft habe sich von dem Geld ihren Hof teeren lassen, gleich würde man daran vorbeifahren. Und so war es. Einhundert Quadratmeter Teer. Das war aus dem Lottogewinn geworden. Jahrelang konnte ich den Blick nicht von diesem blaugrauen Stück geronnenem Stein wenden, wenn wir besagte Stelle passierten. Wie ein Mensch aus einem so ungeheuren Potenzial wie einem – Fanfare! – Lottogewinn nicht mehr an Leben pressen konnte als ein Stück Teerstraße. Doch wenn ich den Kopf hob, dann sah ich überall bloß grau oder beige mit Eternit verschlagene Hauswände, öd glotzende Rollläden, verwitternde Zäune, durchgelatschte Holzpantinen. Was Menschen sich gönnten, war Scheußlichkeit. Mehr war man sich selber nicht wert. Von dort kommen wir alle her. Die Menschen, die auf dem Gebiet der ehemaligen DDR

aufwuchsen, kennen diesen Zustand noch länger und intensiver. Auf dem Weg, diese elende Knauser-Realität, dieses ewige Zuchthaus des Funktionalen hinter uns zu lassen, sind die Schritte oft klein. Ein paar Quadratmeter vor einer Stallwand, welche die Bäuerin den Zugmaschinen und ihrem ewigen Hunger nach Stellfläche abtrotzt. Ein paar Blumen neben der Haustür. Ein wenig Farbe, die in die Schwarz-Weiß-Welt, in die Grau-Beige-Welt des Gestern eindringt und diese aufsprengt. Jenen, die weit vorausgeeilt sind, mag der erzielte Fortschritt lächerlich gering erscheinen. Uns aber, die wir eben nichts vergessen haben, ist jedes Mal klar, woher wir kommen, wohin wir wollten, wenn wir selbstbewusst durch das immer noch reale Gestern fahren. Mein Freund, der Baum? Auch. Mein bester Freund aber ist der Gartenzwerg in seinem Steingarten. Er streckt der Welt die Zunge heraus.

GASTHAUS
HÄNDLMAIER
GAB
GRAF ARCO
BIER

H 80
5,8

6

Zauberclown Rudolpho/

Wer sehen will, wo sich Fuchs und Hase einträchtig gute Nacht sagen, der fahre hinter den Sieben Bergen scharf links, dann fünfmal rauf und fünfmal runter, bis er nicht mehr weiß, was Wolke ist und was Wald, und er schließlich das Tal erreicht, wo pro Tag nur ein Auto hinkommt. In diesem Tal steht ein großmächtiger Freilaufstall für Jungbullen, stehen Garagen imposant wie Ludwig-Schlösser und Güllegruben, tiefer als der Kochelsee. An der Umzäunung eines dieser Gülletanks, hoffnungsfroh der autoleeren Straße zugewandt, wirbt ein Transparent für den Zauberclown Rudolpho. Zauberclown Rudolpho ist mein Idol. Ich will ihn nie in Aktion sehen – Zauberclowns wie Klinikclowns und Zirkusclowns sind mir ein Gräuel, Musikclowns mein Tod –, aber ich liebe es, mir den Zauberclown vorzustellen, wie er an einem schönen Nachmittag im Mai seine Leiter an diese wohl gottverlassenste Stelle der weiten und ohnehin oft genug gottverlassenen niederbayerischen Welt lehnt und sein Werbebanner anbringt. Jahrelang hat er geübt mit bunten Tüchern und überbreiten Schuhen und roten Nasen und vielleicht einem lebenden Kaninchen – und jetzt ist der Mann so weit. Im richtigen Leben muss er beim Lindner vielleicht Bleche beschichten oder als Kaminkehrer die Menschen mit den neusten Brandschutzvorschriften nerven, aber wenn er am Samstagnachmittag zum Geburtstag eines Fünfjährigen gebucht wird, dann naht seine Stunde. Dann lebt Zauberclown Rudolpho seinen Traum. Aus dem Weg. Hier kommt das Crystal Meth des kleinen Mannes.

Zauberclown
Rudolpho
www.zauberclown-rudolpho.de
info@zauberclown-rudolpho.de
Tel: +49 8571 92215
Handy: +49 175 921526

Im Wasser /

Im Wasser muss es sein. Und sauber. Und: glei ebs Gscheids. Was so viel heißt wie: gleich was Vernünftiges. Soll aber trotzdem möglichst billig sein. Aus diesen verbalen Versatzstücken lassen sich nach dem Baumarktbaukastenprinzip die Zehn Gebote des Heim- und Handwerkers zusammenbosseln. Früher – mein Opa, mein Vater – ging man in den Schuppen mit den alten Brettern, den immer und immer wieder herausgezogenen Nägeln, dem ererbten Werkzeug und bohrte mit dem Handbohrer, drosch mit dem Hammer, sägte mit dem Fuchsschwanz, und am Schluss hatte man dann glei ebs Gscheids, das sauber war, nicht notwendigerweise im rechten Winkel, aber durchaus im Wasser. Heute fährt man in den Baumarkt und kauft das Glump gleich fertig, um dann daheim festzustellen, dass es doch nichts Gscheids ist, und dann geht man in den Schuppen mit den Hunderterpackungen Dübeln, die keiner braucht, und den zweitausend günstig erworbenen Spax und der Hilti und lädt den Bohrschrauber auf, um dann etwas zu bohren und zu hämmern und zu sägen, und am Schluss hat man was, das sauber ist, nicht notwendigerweise im rechten Winkel, aber durchaus im Wasser. Glei ebs Gscheids entsteht gern dort, wo sich mehrere Bohrschrauber zu einem gemeinsamen Ziel zusammenfinden, etwa um ein Wartehäuschen für die Schulkinder zu errichten; da geht es flott von der Hand, genau wie in der Baumarktwerbung, in der die verschwitzten Eltern von dem kleinen, süßen Mädchen gelobt werden, dass der selber renovierte Spielplatz ziemlich gut geworden sei. Glei ebs Gscheids kann man im Kontext der Wartehäuschen auch als Holz gewordenes Kopfschütteln der Bevölkerung angesichts der Beton gewordenen Trottelhaftigkeit der Behörden verstehen. Am Schluss jedenfalls ist alles sauber, trotzdem billig. Und auf jedem Fall im Wasser. Weshalb die Kinder jetzt im Trockenen stehen können.

FERIENHAUS KUMPFMÜHL
www.ferienhaus-rottal.de

5
ZEITUNG

Wider die Natur /

Oder: schon wieder die Natur! Kaum macht man die Haustür auf, ist sie da und bedrängt einen. Die Jahreszeiten hetzten sich gegenseitig über die Hügel, wie ein junges Kätzchen hinter seinem Schwanz herhechtet. Man wird noch ganz dumm im Kopf vor lauter Buschwindröschen und Schlüsselblumen und Hahnenfuß und Apfelblüte und gelben Rapsfeldern und zartgrünen Nadelwäldern in Blüte und dem Sommerhimmelsblau und den schwarzblauen Zwetschgen und den rostfarbenen Wäldern im Herbst und den krakeligen Ästen der kahlen Bäume im November, wie sie den Mond anfingern, bevor dann der Schnee alles zudeckt für zwei Stunden, weil der Klimawandel uns den Winter gestohlen hat wie der Grinch die Weihnachtsgeschenke. Gegen diese Natur kann man nichts machen, außer einen Hybrid-SUV kaufen, aber das läuft ja auch ins Geld. Wenn aber der Brite recht hat, dann ist mein Home auch mein Kastl, und ein Kastl hat acht Ecken und eine Haustür. Und unsere Vorliebe für den rechten Winkel kann man ganz einfach nach außen falten, als wäre die Welt eine Computersimulation: Schon ist Schluss mit dieser Natur, denn der Natur graut nicht nur vor dem Vakuum, wie der Physiker weiß, sondern auch vor den 90 Grad, die dem Heimwerker alles bedeuten. Punkt, Punkt, Komma, Strich – fertig ist mein Angesicht.

Respekt/ Novyi Byt, das neue Alltagsleben: Das also schwebte Leo Trotzki – Bolschewist, Katzenfreund – in frühen Sowjettagen vor. Die Frau, von der Knechtschaft des Herds und der Kinderaufzucht befreit. Der Mann, befreit von seiner Begierde und seiner jahrtausendealten Praxis, die Frau als Objekt zu betrachten. Und die Objekte selbst, auch sie gewannen Freiheit, folgten in ihrer Gestaltung einzig ihrer Funktion: ein Volk, ein Reich, ein Aschenbecher. Schluss mit Schnickschnack; selbst Walter Benjamin träumte noch Jahre später davon, dass die Mode im Sozialismus aus der Mode käme, dass sie im rauschhaften Vorwärtseilen der Geschichte einfach abfiele von den Menschen wie eine nutzlos gewordene Schlangenhaut, die vergessen am Straßenrand zurückbleibt. Ja, unsere Besten irrten eben schon immer auch auf die wunderbarste Art. Und es ist in diesem Irren bereits der Kern der Problematik einer Verbesserung Mitteleuropas – und des ganzen Rests – angelegt. Träume folgen nicht den rechten Winkeln der Vernunft. Und die Weniger-Besten folgen ungern den rechtwinkligen Träumen der selbst ernannten Wohlfahrtszirkler. Zieht doch selber in eure Arbeitersiedlungen, schien der Proletarier der 20er-Jahre den wohlmeinenden Planern und Architekten zuzurufen, wenn er die Gemeinschaftswaschküche an einen Vetter aus Dingsda samt seiner Ziegenherde vermietete. Was diese dann etwa im Stockholmer Kollektivhuset auch taten – mit bekannt desaströsem Ausgang: Gerade der Intellektuelle taugt eher nicht zum Leben in einem Ameisenstaat. Erst heute ziehen Akademia und Geldadel wieder in die Mustersiedlungen des vergangenen Jahrhunderts, weil man die Ziegenställe und Gemeinschaftsküchen in Fitnessräume und Saunen umwidmen darf. Ursprünglich träumte man jedoch von einer *Ästhetik des Widerstands*, also einer künstlerischen Ausdrucks- und Darstellungsform, die den fortschreitenden gesellschaftlichen Veränderungen eingeschrieben war und den Weg bereitete – eine

Avantgarde im Wortsinn, eine Waffe, zur Erkundung und Erprobung dessen, was sein kann. Unerreichte Könnerschaft bewies der Schriftsteller Peter Weiss im Ausdeuten dieser angewandten Zukunftskunst – sein dreibändiger Roman *Ästhetik des Widerstands* ist ein Sprachkunstwerk ohne Vergleich in unserem Sprachraum –, nur musste Weiss gleich auf mehreren Ebenen demiurgisch in die real existierenden Verhältnisse eingreifen, damit sein Konstrukt nicht vom ersten Windstoß, der ihm aus dem zukünftigen Paradies der Arbeiterklasse entgegenblies, zum Einsturz gebracht wurde. Seinen Ich-Erzähler im Roman bildete er etwa nach seiner »Wunschbiografie«, das heißt, alles, was in Weiss' eigener Lebensgeschichte störte an bürgerlichen Ingredienzien, wurde eliminiert oder retuschiert, bis sie dem sozialistischen Surrealismus einer proletarischen Lebenslauf-Halluzination entsprach, von der Teilnahme am Spanischen Bürgerkrieg bis zum aktiven Widerstand gegen Hitler-Deutschland.

Und, gravierender: Die ganze Klasse, die gesamte Arbeiterklasse musste umgeformt werden, bis sie einen Wesensgrundzug entwickeln konnte, der es überhaupt wert war, sich der Mühe einer erdachten oder tatsächlichen Umwälzung zu unterziehen: Weiss schreibt an einer Stelle, dass es unbegreiflich sei, dass nach 1933 ganze Gewerkschaftsgruppen aus roten Stadtteilen mit klingendem Spiel – also samt ihren Musikkapellen – zu den Nazis überliefen. Hier klafft ganz offen die Wunde. Und wird ignoriert. Wird zugunsten nicht nur einer Wunschbiografie,

sondern einer Wunschideologie geleugnet. Denn die Arbeiterklasse war nach Weiss, nach dem hohlen Traum einer ganzen Generation von linken Denkern aus sich heraus willens und in der Lage, das eigene Leben und Erleben zugunsten eines großen Ziels hintanzustellen und freudlos, sang- und klanglos, lieblos, humorlos vorwärtszustürmen wie die Gestalten in Delacroix' ikonischem Bild von der Freiheit, welche mit blanker Brust das Volk führt. Diese absolute Hingabe an ein besseres, wohl kommunistisches Morgen war aber nur möglich, weil dieser Super-Proletarier in jeder freien Minute zu den Werken der großen Philosophen und Theoretiker griff oder ins Museum oder Theater ging. Sein größtes Anliegen war nämlich die intellektuelle Selbstverbesserung, ein ständiges Arbeiten am Verstehen der Welt. Und wenn dieses Verstehen nicht gelang, blieb immer noch der Glaube in das verlässliche Urteil jener Partei, die dem Interesse der arbeitenden Menschen am nächsten kam, weil sie der kämpfende Arm derselben war: die KP. Yeah. So ging das ein ganzes Jahrhundert lang, erst in der Theorie, dann auch in der Praxis, dann wieder in der Theorie. Die gesamte Linke redete diesem proletarischen Golem das Wort, besser: schrieb das Wort auf den ominösen Zettel, der ihm dann auf die Zunge statt unter die Zunge gelegt wurde, um die Herrschaft über das sonst so schwer beherrschbare Ungeheuer zu behalten. Was der reinen Lehre der Selbstaufopferung in die Quere kam, wurde unter Einsatz der Wunderwaffe

Dialektik als Entfremdung, als Fetisch, als Trugbild diffamiert. Die Konstruktivisten stellten bereits in den frühen Tagen der Sowjetherrschaft klar, dass man im linken Utopia Dinge brauche, »die so einfach und primitiv sind wie unser einfaches und primitives Alltagsleben auch«. Und kein Trum mehr. Der Einwand von weiblicher Parteiseite, dass die Mode – »unsere alte Freundin« – auch im Sozialismus nicht die Absicht habe zu sterben, wurde nicht gehört; er scheint höchstens als fernes Echo auf im antisowjetischen Hollywood-Klassiker *Ninotschka*. Erst die Mekons trugen T-Shirts mit Hammer und Sichel darauf, wenn sie zu Merle-Haggard-Konzerten gingen, aber das gehört definitiv in ein anderes Buch, in dem dann auch erwähnt wird, dass sich heutzutage ausgerechnet im Kern reaktionäre Prog-Rock-Bands auf die widerständigen Mekons beziehen und im selben Interview Julie Burchill dissen, eine Musikjournalistin, die als Erste in den 80er-Jahren den Mumm hatte, darauf hinzuweisen, dass die Arbeiterklasse leider zu einem guten Teil nicht aus marxundengelsgleichen Selbstoptimierern, sondern aus rassistischen und sexistischen Arschlöchern besteht. Wie der Rest der Welt auch, möchte ich hier anfügen. Noch mal yeah. Das Falsche im Realen erkennen: Dieses Spiel hat die allzeit wohlmeinende Bildungs- wie Medienelite inzwischen zur selbstzerstörerischen Perfektion getrieben. So weit, dass sie selbst diesen katastrophalen Ansatz zu reflektieren sucht, etwa wenn die *Frankfurter Allgemeine* im Feuilleton titelt: »Das Versagen der Eliten vor den einfachen Leuten«. Denn hier ist sie wieder: die kognitive Dissonanz, das Grummeln im geleugneten Unterleib der Ober- und Mittelschicht – und die Furcht vor der explosionsartigen Entladung, der sozialen Diarrhö. Wie auf den Straßen von Marseille während der Fußball-EM 2016. Wie bei Pegida-Demonstrationen in Dresden oder Leipzig. Wie auf der Kölner Domplatte in der Neujahrsnacht 2016. Wie auf einer Straße der britischen Kleinstadt Birstall, wo ein verwirrter Rechtsradikaler eine

Willa
Mehl
Willa-Mehl
Willa-Mehl

Abgeordnete – seine Abgeordnete – niedersticht und niederschießt. Wo das Recht auf Gewaltausübung von einem Einzelwesen spontan zurückverlangt wird von einem Staatswesen, als dessen Teil es sich nicht mehr erkennen kann – weil seine Sicht auf die Dinge, seine Lebenserfahrung keinen Wert zu haben scheint. Und auch weil politische Teilhabe komplex und langwierig ist – dieses Bohren dicker Bretter, mit dem uns Max Weber tröstet –, auch weil sie langweilig ist und grau und voller Kleingedrucktem und Fußnoten und eine Generation der »erlebnisorientierten Idealisten«, die mit dem Konzept der »instant gratification« aufgewachsen ist, nicht mehr zufriedenstellt, auch darum bastelt sich eine jede Gesellschaftsschicht ihre eigene Staatsphilosophie, ihre eigene politische Ästhetik. Der Umgang mit der Religion weist da den Weg: Irgendein höheres Wesen wird gern genommen oder ein ferner Gott einer halb verstandenen, exotischen Religion, aber jeden Sonntag sich der Mühe zu unterziehen, sich und seiner Kultur oder seinem Gott die Ehre dadurch zu erweisen, dass man morgens aus dem Bett kommt und in die Kirche geht, das ist wohl etwas zu viel verlangt. Von Buddhismus schwafeln, aber die Kinder doch lieber auf katholische Internate schicken. Doch wohnt dieser Do-it-yourself-Politisierung trotz aller Auflösungstendenzen und trotz ihrer Destabilisierungspotenziale auch eine Chance inne: die Chance, dass wir, vor die Wahl gestellt, ob wir Sicherheit und Starre und Gleichförmigkeit wollen oder lieber die Unwägbarkeiten, welche eine offene Gesellschaft eben ausmachen, uns nach einigen Momenten des Erschreckens doch für die unsicheren Schritte entscheiden, mit denen wir in eine unvorstellbar andersartige Zukunft tapsen. Knobelbecher und Stechschritt, den Aufmarsch in Reih und Glied hatten wir schon. Drum: lieber torkeln. Lieber ein verändertes Alltagsleben, ein Novyi Byt, das einem jeden seine politische, sexuelle, intellektuelle Freiheit lässt. Und höchstens so etwas wie Herzensbildung und Höflichkeit einfordert. »Heute haun wir auf die Pauke und wir machen durch bis morgen früh«. Aber irgendwann dann bitte auf Zimmerlautstärke. Die Belohnung, welche diese Rücksichtnahme gewährt – nicht das leisere Auf-die-Pauke-Haun, sondern der Blick in den Rückspiegel der eigenen Do-it-yourself-Realität –, ist dann vielleicht größer als erwartet. Im Märchen vom »Hans im Glück« tauscht der Protagonist ständig den einen Gegenstand gegen einen offensichtlich wertloseren ein – bis er am Ende mit leeren Händen dasteht. Nun soll es aber – Alexander Kluge zitierend – in der ursprünglich aus den Pyrenäen stammenden Version dieses Märchens noch einen bei den Brüdern Grimm fehlenden Passus geben: dass die Mutter den mittellos heimkehrenden Sohn mit größter Freude empfängt. Ein Batzen Gold hätte nämlich eine glückliche Rückkehr in die Gemeinschaft unmöglich gemacht. Das Glück dieser Mutter ist ein anderes als das Glück des stolzen Reiters, der dem Hans das Vermögen abluchst. Uns eröffnet der Blick auf das manchmal so fremd scheinende Glück der anderen neue Erlebnis- und Erkenntniswelten. Wir dürfen sie bloß nicht von vornherein als Müll, als Kitsch, als Schund abtun; wir sollten sie nicht mit den wohlfeilen Mitteln der Ironie und Satire traktieren. Selbst der Begriff »camp« ist zu herablassend. Staunen wäre eine Lösung. Oder wie es auf den Ärmeln der Fußballtrikots zu lesen steht: Respekt.

ndesalon "Sherry"

Hl. Judas Thadäus
für bes. Anliegen
steh uns bei

Old-Time Religion/ Gott sei tot, heißt es aus gut unterrichteten Kreisen. Aber die ihm (oder ihr) gewidmeten Bauwerke stehen noch in großer Zahl auf seinem Erdboden herum. Und sind naturgemäß Orte, zu denen die Touristenströme gelenkt werden: Sie haben eine gewisse Aura des Jenseitigen und Bedeutsamen (you never fucking know), sind oft genug schön anzuschauen, und ihr größter Vorteil: Sie sind schnell besichtigt. Treffpunkt im Anschluss: der benachbarte Wirtsgarten. Busse willkommen. Nun sind es aber gerade die sakralen Orte, die sowohl gegen die schlimmsten Auswüchse des Massentourismus wie gegen das Wuchern mit den Pfunden der elitären Klugscheißerei am meisten gefeit sind. Dies mag am seit Jahrhunderten – zumindest im Katholizismus – praktizierten Spagat zwischen kompletter Kommerzialisierung des Transzendenten und einer tiefgläubigen Grundierung des Alltagslebens liegen, die eben weiß, dass man dem Kaiser oder Bischof gibt, was des Bischofs ist, dem Herrn aber trotzdem das rechte Maß an Respekt zumisst. So kann man sich in einer Religion einrichten, die einerseits dafür plädiert, die Händler aus dem Tempel zu vertreiben, aber dennoch drei Reihen tief die Buden der Kerzen- und Weihwasserflaschenverkäufer rund um die Gnadenkapelle duldet. Auch der Katholizismus hat seine Spielart des Dialektischen, die nicht notwendigerweise etwas mit Aufklärung zu tun hat. Wichtiger scheint ganz einfach der ungebrochene Glaube. Die alltägliche Erfahrung, dass dieser existiert, verleiht den Zeugnissen der Volksfrömmigkeit eine gewisse Ruhe und Würde, von der Votivtafel zum Ukrainekonflikt bis zur monströsen, paisleygemusterten Jeans der Mesnerin, die kunstgeschichtlich kenntnisarm durch eine Asam-Kirche führt, aber dann doch viel über sich und ihre Tätigkeit preisgibt. Es kann eben für viele an ein Wunder grenzen, wenn in einer spärlich beleuchteten Kirche zu arkan-majestätisch wirkender

Orgelmusik im Weihrauchdunst eine Heiligenfigur an einem Seil gen Spundloch in der Decke gezogen wird oder wenn ein naher Verwandter seine Krebsoperation heil übersteht: Maria hat geholfen. Und Maria hilft in einer alltäglichen Selbstverständlichkeit, die sich wiederum in den sakralen Bauten widerspiegelt. Seit die Amtskirche sich nicht mehr traut, höchstselbst an der Repräsentanz der jenseitigen Pracht auf der diesseitigen Welt mitzuwirken und einen Franz-Peter Tebartz-van Elst mehr fürchtet als den Teufel selbst, weil er gewagt hat, verschwenderisch zu sein und damit den Beelzebub des kritischen Journalismus zum Bischofssitz und seinen Kirchensteuermilliarden lockte, sind es vielleicht umso mehr die Bauernfamilien in der Provinz, die mit ihren Wegkreuzen, mit ihren Kapellen und Wallfahrtskirchen die Stellung halten müssen. Begeisternd ist, mit welcher Selbstverständlichkeit im Großen wie Kleinen dies auch im 21. Jahrhundert noch geschieht. Diese Kirchlein und Kapellen werden mit einer Souveränität mitten ins Leben gestellt, die den großen, offiziellen Kirchen komplett fehlt. Da findet sich immer ein Platz zwischen Saustall, Misthaufen und Silage, der dem Herrn vorbehalten ist. Da wird keine falsche Rücksicht auf Pietät oder Hygiene genommen, sondern nach einem Stoßgebet mit 100 PS mitten durch die Andacht gebrummt. Diese Unmittelbarkeit ist es, die solche Frömmigkeit gegen die Einflüsterungen des Tourismus und seiner ortsansässigen Agenten feit, solch jenseitiger Pragmatismus kann nicht zum Event aufgebrezelt werden. Auf die Knie und beten. Dann weiter ausmisten.

Dreieinigkeit / Wenn nach Wladimir Iljitsch Lenin der Kommunismus aus der Formel »Sowjetmacht plus Elektrifizierung des ganzen Landes« erstehen würde, so muss für das nach wie vor zutiefst katholische Niederbayern festgestellt werden, dass das Streben nach individuellem Glück eine dreieinige Voraussetzung der anderen Art zu erfordern scheint: Volksglaube plus Transformator plus ein Platz, um kurz innezuhalten. Also: spirituelle Verankerung, Anwendung naturwissenschaftlicher Erkenntnisse und die Möglichkeit, in Ruhe über die Wesensverwandtschaft von altem und neuem Priestertum nachzudenken. Wenn man das Muster einmal verinnerlicht hat, fällt es schwer, diese Trinität nicht zu bemerken, beziehungsweise es fehlt etwas, wenn ausnahmsweise keine Rastbank neben dem Trafo stehen sollte.

ALTGOLD
ist BARGELD
Edelmetalle R. HANAUER
www.gold-hanauer.de

H
CRIME

Transcendentia / »Every picture tells a story«, singt der Barde, und recht soll er behalten: Hier stand bis vor Kurzem eine arg renovierungsbedürftige Kapelle. Die Bauern aus der Umgegend beschlossen, die kleine Kirche zu renovieren, und ein zugezogener Gönner versprach, eine respektable Summe zuzuschießen. So wurde man mit dem Anliegen beim zuständigen Bistum vorstellig. Dort wurde geplant und berechnet und geschätzt, und am Ende wurden mehrere Hunderttausend Euro aufgerufen. Die Bauern haben daraufhin das alte Glump über den Haufen geschoben, wie man so sagt, und stattdessen die zeitgenössische Gnadenstätte zur Heiligen Transcendentia in die Landschaft gestellt: Bank plus Kreuz plus Stromkasten. Amen.

Taj Mahal /

»O Herr, gib ihm die ewige Ruhe!« Sie sind so allgegenwärtig, dass sie kaum mehr auffallen: die Marterl. Kleine Kreuze an Unfallstellen, letzte Markierung eines gewaltsam beendeten Lebens. Doch dieses Trauerensemble nimmt eine Sonderstellung ein. Es will mehr sein als Gedenkstätte. Es ist eine geradezu empörte Besitznahme der schicksalsträchtigen Stelle. In der etwas tückischen, weil leicht zu unterschätzenden Kurve steht das Kreuz samt Sterbebild, solid, aus gutem Holz. Für eine persönliche Ewigkeit gemacht. Wer hier seinen Sohn verloren hat, der will die Erinnerung an ihn nicht schwächer werden lassen. Am Fuß des Kreuzes ist eine Grabvase befestigt für frische Schnittblumen, nebendran liegt eine Flasche mit Wasser, um die Vase an heißen Tagen nachfüllen zu können, wenn man vielleicht zufällig vorbeikommt und grad kein Wasser im Auto hat. Das Kreuz ist gefasst mit einem gut gegründeten Stahlreif, der mit weißen Kieseln gefüllt wurde, wie sie zurzeit auf den Friedhöfen in Mode sind. Solarlampen erhellen den Gedenkort auch in dunklen Stunden, und Stiefmütterchen, Plastikblumen und ein paar Narzissen gesellen sich zu zwei herzförmigen Trauerdevotionalien aus dem Baumarkt.

Eine Kerze wird wohl regelmäßig entzündet im großformatigen Grablicht: Lange soll sie brennen und hell. Oben am Marterl hängt ein vom Wetter bereits angegriffenes, blaues Band, vielleicht vom Grab selbst, vom Sterbekreuz. Diese Kombination von Trivialem wird spontan geadelt durch die offensichtliche Ernsthaftigkeit, mit der die Hinterbliebenen diese selbst erbaute Trutzburg des Andenkens mitten im öffentlichen Raum für sich behaupten. Doch der eigentliche Kick ist der Campingstuhl. Er duldet keinen Widerspruch gegen die Besitz-

nahme dieses Ortes. Er weist seinem Be-Sitzer das Recht zu, auf immer hier zu trauern. Mit keinen Widerspruch duldendem Nachdruck sind die Beine des Stuhls mit überdimensionierten Schrauben am Wurzelstock eines einst hier stehenden Baumes befestigt; vielleicht war es dieser Baumstamm, an dem das junge Leben, um das hier getrauert wird, zerschellt ist. Das Grabmal einer großen Liebe? Hier steht es. Und ist manchem mehr wert als Taj Mahal und die Pyramiden zusammen.

Landwirt-
schaftlicher
Verkehr frei

Jabberwocky / Es wütet also eine Bestie in der Provinz. In jeder Familie hat sie zumindest ein Kind gerissen, einen Vater oder eine Mutter verstümmelt, die Alten den Kindern ins Grab blicken lassen. Und trotzdem wird dieser Jabberwocky gehätschelt und geliebt, wird ihm überall bereitwillig Platz gemacht, und mit viel Aufwand gewährt ihm jede Familie einen Platz im eigenen Heim. Das Monstrum ist aus Stahl oder Aluminium und heißt Audi oder Volkswagen oder Ford, und wenn es sauber geputzt und poliert ist, dann glänzt und gleißt es in der Sonne wie ein goldenes Kalb. Und doch muss es unterschwellig eine Angst vor diesem Mordsungetüm geben, können seine Abgase nicht alle Sinne benebeln. So allgegenwärtig wie seine Stellplätze und Garagen sind auf den ersten Blick irgendwie zufällig oder gar dekorativ platzierte Bollwerke gegen die Bestie: Geh weg, bleib uns vom Leib, wüte woanders.

Iko iko an nay
Jockomo feena ah na nay
Jockomo feena nay.

So sei es.

Wie Drachenzähne wachsen spitze Steine aus dem Boden, werden Findlinge in seinen Weg gerollt, blinken nachts rote Katzenaugen dem Unhold entgegen, ganz alter Voodoo, ganz mächtiger Zauber.

Plakate ankleben verboten!
Einfahrt freihalten!
Parken verboten!

Autotönungsfolien
ab 129,- €
www.House-of-Rock.de
Köching/Aidenbach
Starkbierfest 19.3
Jeden Samstag: Rock für Jung und Alt
Jeden 1.Samstag im Monat: Ü30 Party

27
ZEITUNG

Alle Wege /

Alle Wege führen nach Rom. Das mag schon sein, aber wenn man ein kleines Kind ist und in einem niederbayerischen Marktflecken aufwächst, dann scheinen erst einmal alle Straßen von dem irgendwie malerisch ins tiefe, tiefe Tal hineingekleckstеn Ort wegzuführen. Und ganz sicher nicht nach Rom, sondern nach Westen gemächlich am Altbach entlang über Furth nach Neukirchen. Im Norden steil hügelwärts nach Pfarrkirchen, der Kreisstadt. Im Nordosten bachabwärts mäandernd nach Anzenkirchen und Birnbach, das noch nicht den für mich bis heute verwirrenden Beinamen »Bad« trägt. Als hätten die sich öfter gewaschen als wir! Niemals. Im Osten geht es steil in den Wald hinein Richtung Kauflanden und Gschaid und im Südosten, grad am elterlichen Hof vorbei, bescheiden und sich im Auf und Ab zwischen Feldern und Wiesen verlierend, nach Fichten und Garham und damit ins Nirgendwo. Und die Straße Richtung Süden führt nach Simbach am Inn – und, wichtig seinerzeit, zu einer Straße, die keinen Namen hat, der auf ein mögliches Ziel verweist, sondern nur einen Buchstaben und eine Zahl: zur B 12, auf der mein Vater im frisch gewaschenen und wegen des besonderen Anlasses mit Superbenzin betankten VW 1500 ein- oder zweimal pro Jahr mit uns gen München fuhr, vor uns die freie weite Bundesstraße, hinter uns meist ein erklecklicher Stau, weil es für den Chauffierenden von eminenter Wichtigkeit war, ob bei Kirchdorf oder Marktl der Weizen schon besser stand als daheim oder eben noch nicht, und dies bei gemächlichem Tempo am besten zu begutachten war. Vor dem Postamt von Haag habe ich regelmäßig auf den Gehsteig gekotzt. Ab Hohenlinden keimte Hoffnung, dass die große Fahrt auch einmal ein Ende nehmen könnte, denn jetzt reihte sich Ort an Ort wie die Perlen an einem Rosenkranz, den man nur stur genug bis zu seinem Ende herunterbeten musste, Forstinning, Anzing, Feldkirchen, bis der Pfarrer »Amen« sagte und der Vater »Aussteigen«.

Wie denn der Verkehr gewesen sei, fragten dann Tante Resi oder Onkel Hans, die passenderweise ganz im Osten der großen Stadt wohnten, auf dass man nicht zu weit hinein musste in dieses gefährliche Gewimmel von Ampeln und Verkehrsschildern, und die Antwort war wohl immer, der Verkehr sei schon recht stark gewesen, weil für uns alles starken Verkehr darstellte, was mehr war als drei Autos auf einmal, und jeder zu überholende Lastwagen eine Herausforderung für Mensch und Maschine, die lange in den Köpfen und Körpern nachzitterte. Man habe gut eineinhalb Stunden gebraucht, normal halt.

Inzwischen sind die Straßen breiter, die Ortschaften umfahrener, die Fahrzeuge schneller geworden und die Bundesautobahn mit der Nummer 94 spuckt die Autos wie Kirschkerne weit über die von Abgasen und Dauerstau erlösten Rosenkranzortschaften hinaus, bis sie wieder auf der B 12 landen, aber die Fahrzeit zwischen München-Ost und der alten Heimat hat sich nicht wesentlich verändert, ist eher länger geworden. Wer vor der endgültigen Fertigstellung der Autobahn von München nach Passau noch einmal das finale Verkehrsabenteuer sucht, wer der Gefahr, dem blanken Wahn ins Auge blicken möchte, der fahre an jedem beliebigen Wochentag auf der B 12 Richtung Altötting, Simbach oder Passau. Von der Routine täglichen Pendelns kirre gemachte Raser, die sich schon zehn Minuten, bevor sie die einzige mögliche Überholstelle zwischen Hohenlinden und Maitenbeth erreichen, auf dieses überlebenswichtige Manöver durch rechtzeitiges Herunterschalten und Linksblinken vorbereiten, abgestumpfte B-12-Veteranen, die jegliche Lust zum Überholen aufgegeben haben und ihre VW Jettas hinter den Dutzenden und Dutzenden die Just-in-time-Philosophie spazierenfahrenden Lastwägen herrollen, mit aller Zeit dieser Welt versehene Rentner aus dem Westfälischen, die schon zum dreißigsten Mal in Folge die B 12 Richtung Bäderdreieck Birnbach–Griesbach–Füssing hinuntertrotten, zähnefletschende

Vertreter, zu spät, zu spät, Lichthupe, in einem Audi – all dies und was es an Bundesstraßen-Grauen noch gibt, es konzentriert sich auf dieser B 12. Und es ist keine Übertreibung, dass man jedes Mal, wenn man sie fährt und glücklich am Ziel ankommt, gerade noch einmal so dem Bundesamt für Statistik von der Polarachse gehüpft ist. Und wer es nicht geschafft hat, an den erinnert ein Holzkreuz, ein Blumenstrauß, ein Stück fehlende Rinde an einem Alleebaum.

Dabei hat auch die B 12 ihre Schönheit, doch versteckt sie diese hinter den sie säumenden Hügeln, hinter den sie begleitenden Waldbäumen, hinter der falschen Vorstellung, es sei so ungeheuer wichtig, vier Minuten früher in Waldkraiburg anzukommen. Wer sein Navi einfach ausschaltet und die vermeintliche Schnellstraße verlässt und lieber mit 60 Stundenkilometern über die Dörfer gondelt als hinter einer Lkw-Armada herzuzuckeln, wird mit einem Blick auf schönstes, weil seltsam andersartiges Bayern belohnt: nicht so geranienumwölkte Oberlandfrische, nicht so lüftlbemalte Jodelkultur wie im Alpenvorland, sondern Bayern herb, bauernschlaues CSU-Land, Sonnenkollektorensubventionsland, Asylantenunterbringungszuschussland, eigentlich immer noch Straußland, auch wenn der Seehofer in Gummistiefeln durchs Bild latschen darf, wenn das Jahrtausendhochwasser kommt und die Grünen ÖDP heißen, links Mais, rechts Mais, in der Mitte eine Kurve, dahinter ein Dorf, wo die indigene Bausünde jedes Jahrzehnts fein säuberlich ausgestellt ist, als besuche man ein Bauernhofmuseum der Zukunft: der Bungalow, der Einödhof, das Pultdachschupferl, das Toskana-Haus; hier herrschen Flurbereinigung und Maschinenring und Ortsrandsiedlungsbabylon, daneben im Spätherbst flammende Laubwälder in neuenglischster Pracht; vom Waldsterben wispern kahle Tannen- und Fichtenwipfel. Güllesteppen falten sich hier und überall auf, und dann doch wieder Sauerwiesen und Birkenalleen und Vierseithöfe zum Niederknien. Auch hier im real existierenden Alltagsbayern wälzt die Zeit alles um und um, und statt eines »Bildungsheims für Franziskanerinnen«, dessen teils bedrohliche, teils segenspendende Wichtigkeit für die kleine Ortschaft man schon beim bloßen Vorbeifahren spürt, sieht man jetzt vermehrt Therapiezentren, Feng-Shui-Berater und die Einheitsrathäuser, mit denen unser Land wie auf dunklen Befehl seit Jahren überzogen wird. Und keine Waldstraße mehr ohne das weiße Hinweisschild, hier gehe es zur Wertstoffdeponie. Wenn man Glück hat, ist darunter mit Maschendraht ein Plakat befestigt, das zum Thanksgiving-Essen mit Truthahn lädt – vielleicht, aber allerhöchstens vielleicht, gilt hier ja einmal die Ausnahme von der Regel, dass das Wirtshausessen viel und billig zu sein habe, wurscht, wie es schmeckt. Die dampfenden Knödelschüsseln, die beim Wirt in Lengsham am Sonntag auf den Tisch gestellt wurden, sind allenthalben Gyros von regelmäßig Pleite machenden Griechen oder Pizzen aus Tamilenhand gewichen. Und wo sind die dreizehn Wirtshäuser meiner Jugendzeit in unserem Markt geblieben, ein jedes Zufluchts- oder Sehnsuchtsort für ganz unterschiedliche Charaktere aus dem Ort, geeint im Sehnen nach einer frischen Halbe Bier? Doch manche Dinge, überzeitliche Dinge lassen sich nicht wegmodernisieren oder beschleunigen. Wer ein paar Kilometer abseits der B 12 an einem föhnigen Tag auf einem Höhenzug zwischen Pfarrkirchen und Triftern hält, wird im Nordosten finster den Bayerischen Wald erblicken, im Süden den Watzmann und die Tauern, bevorzugterweise feuerrot glosend im Abendlicht, einen Anblick, den man auf der Weiterfahrt Richtung Simbach am Inn noch oft genießen kann, hügelab, hügelauf durch eine Landschaft, die das Spektakuläre eben aus ihrer bescheidenen Alltäglichkeit bezieht und sich oft und öfter aufs Höchste verdichtet zu einer herben Lieblichkeit, die es nur in Niederbayern gibt, hier, wo die Hügel eine Idee steiler, die Klüfte dazwischen eine Idee tiefer und enger sind, als habe der mächtige Inn einst in der Eiszeit unwillig sich

WEIBERROAS

Platz gemacht: Den besten Ausblick darauf bietet der Schellenberg, »höchste Erhebung im Landkreis«, meldet sich eine Stimme aus einer fernen Heimatkundestunde. Weit geht der Blick hinein nach Österreich und in die eigene Vergangenheit, wo ich mich selber wieder stehen sehe, wie ich bewundernd die Schlote im ausländischen Ranshofen betrachte, die in einer niederbayerischen Kindheit nicht minder exotisch wirkten wie die Pyramiden am Nil, während sich vermutlich hochtoxische Schwaden in einen lauen Sommersonntagsnachmittag hinaufwölkten. Und natürlich wartet damals und heute dort unten die B 12, laut und herrisch und ungeduldig, links nach Passau, rechts nach München, in die Welt jenseits der Hügel und Bäche jedenfalls. Und tatsächlich auch nach Rom: bei Altötting, wo sonst, scharf links.

Urlaub ohne Stau
...jeden Tag

Garten

Bibliografische Information der Deutschen Nationalbibliothek
Die Deutsche Nationalbibliothek verzeichnet diese Publikation in der Deutschen Nationalbibliografie; detaillierte bibliografische Daten sind im Internet über http://dnb.d-nb.de abrufbar.

kursbuch.edition
Herausgeber: Peter Felixberger, Sven Murmann, Armin Nassehi
Lektorat: Evelin Schultheiß, Ahrensburg
Druck und Bindung: Kösel GmbH & Co. KG, Altusried-Krugzell
Printed in Germany

ISBN 978-3-946514-16-9

Besuchen Sie uns im Internet: https://kursbuch.online
Ihre Meinung zu diesem Buch interessiert uns!
Zuschriften bitte an kursbuch@kursbuch.online